从课程资源到儿童经验丛书

丛书主编　虞永平　张斌　副主编　沈文嫣

棉花躲猫猫

南京市香山路幼儿园

陈贻莉　蔡婷婷　孔小凤　李芬　著

南京师范大学出版社

图书在版编目（CIP）数据

棉花躲猫猫 / 陈贻莉等著 . -- 南京：南京师范大学出版社，2020.7
（从课程资源到儿童经验丛书）
ISBN 978-7-5651-4465-3

Ⅰ.①棉… Ⅱ.①陈… Ⅲ.①活动课程—学前教育—教学参考资料 Ⅳ.① G613.7

中国版本图书馆 CIP 数据核字 (2019) 第 300295 号

书　　　名	棉花躲猫猫
丛　书　名	从课程资源到儿童经验丛书
作　　　者	陈贻莉　蔡婷婷　孔小凤　李　芬
丛 书 主 编	虞永平　张　斌
丛书副主编	沈文嫣
策 划 编 辑	万　斌
责 任 编 辑	官军燕
出 版 发 行	南京师范大学出版社
地　　　址	江苏省南京市玄武区后宰门西村 9 号（邮编：210016）
电　　　话	（025）83598919（总编办）　83598412（营销部）　83598312（邮购部）
网　　　址	http://press.njnu.edu.cn
电 子 信 箱	nspzbb@njnu.edu.cn
照　　　排	南京凯建文化发展有限公司
印　　　刷	江阴金马印刷有限公司
开　　　本	889 毫米 × 1194 毫米　1/20
印　　　张	4.5
字　　　数	85 千
版　　　次	2020 年 7 月第 1 版　2020 年 7 月第 1 次印刷
书　　　号	ISBN 978-7-5651-4465-3
定　　　价	48.00 元
出 版 人	张志刚

南京师大版图书若有印装问题请与销售商调换
版权所有　侵犯必究

总　序

　　"从课程资源到儿童经验丛书"是我们在"幼儿园课程资源丛书"的基础上，对"课程资源的开发与利用"这一看似老生常谈的话题的延续和提升。

　　说延续，是因为在与众多幼儿园进行课程研究的过程中，我们深感幼儿园面临一个共同的问题——支撑课程运行要依靠什么？我们发现，答案是资源。今天，越来越多的幼儿教育工作者已经逐步形成了课程资源意识，搜集、整理、发掘和利用课程资源成为幼儿园课程建设工作的关键动作。然而，要让课程真正有效地促动幼儿的发展，"物质"形态的课程必须最终转化为"精神"形态的幼儿经验，就是要引导幼儿利用资源"学习"起来。因此，对于某一类型的课程资源整体化的研究就显得宽度有余而深度不足了，有必要继续对"如何用好资源"这个话题进行具体深入、丝丝入扣、关注过程的研究。

　　说提升，是因为丛书意图以小见大、举一反三，通过向广大读者生动讲述幼儿园利用某一具体课程资源的真实故事，呈现相对完整的幼儿经验建构的历程，帮助大家戴上通过"活动行为"看到"儿童经验"的眼镜，从而在"能用资源组织幼儿活动"的阶梯上更上一层，达到"借助资源有意识地促成幼儿发展"的水平。

　　基于此，丛书两年多来的筹备并不仅仅是一个写作的历程，更是我们与众多作者进行协同研究的过程。其间，一些关乎课程资源利用的原则和策略逐渐浮出或被反复提及，这里择其重点与读者们分享。

　　一是要坚持"让幼儿行动"，构建真实的课程。经验产生于主体与外部世界的相互作用，通俗地说就是只有支持幼儿拿资源"做事"，才有可能将课程资源转化为儿童的经验。"做事"会给幼儿带来一连串充满疑问、挑战、机会、兴奋、惊喜、沮丧、等待、满足、失落等等的体验，带来高品质的学习。要践行这个原则，请教师务必多动脑少动手，把"做事"的机会归还给幼儿，把课程决策权适度让渡给幼儿。在面对资源的时候，我们建议教师稍微"懒"一点，对于诸如"这个资源可以做什么？""这个资源应该怎么玩？"之类的问题，您不可能也没必要做出完美的设计和回答，而幼儿有意义的经验建构恰恰就蕴含在他们对这些问题的探索和回答中。请和幼儿一起商量，允许他们发表意见，认真、严肃地对待这些意见；请和幼儿一起摸索，与他们在研究某个资源的道路上并肩前行；请和幼儿一起反思，或在活动开展中驻足，或待整个活动结束，带领幼儿回顾活动中的经历、收获、问题、解决方法等。这，亦是对"以幼儿为本"的立场的某种兑现。

二是教师要扮演好几个角色，即资源的提供者、经验的分享者和"麻烦"的制造者。提供资源意味着教师要将资源放置在课程的背景下进行审议，做好大致规划，例如一种资源适合投放在哪个年龄班，什么时候投放，投放多长时间，大概可能做哪些事情，需要何种场地、工具和经验准备等。对教师而言，不少资源是他们并不熟悉的，所以开发与利用资源的过程也是他们探索发现、直面问题、学有所得的过程，这使得教师自然成为与幼儿分享学习经验的伙伴。为了促进幼儿的有效学习，教师还需要借助课程资源为幼儿"制造麻烦"，也就是制造困难、创设问题情境，从而引起幼儿的经验冲突，激起学习动机。

三是要学深学透《3—6岁儿童学习与发展指南》（以下简称《指南》），寻找幼儿行动与关键经验之间的关联及逻辑。首先，熟记《指南》对指引教育活动大有裨益，因为只有教师树立目标意识、对关键经验敏感，才能恰当地指导幼儿。其次，要思考幼儿所做的事与《指南》中哪些表现存在联系，依据《指南》分析资源帮助幼儿获得了哪些经验。最后，活动的每一个阶段要进行幼儿经验的总结和整理，尝试理出其经验变化的头绪和过程，这有助于我们进一步理解幼儿经验建构的脉络，从而帮助幼儿实现经验的层层递进、深化、拓展和重组。

对此，丛书创造性地在课程故事记述中着重突出幼儿2—4个关键经验的建构过程，并通过"活动脉络图"和"关键经验结构图"架构出幼儿活动的线索和经验建构的线索，以便读者体会课程影响下儿童经验生长无序与有序并存的动态图景。需要强调的是，这种看似清晰的链锁式结构都产生于作者们对活动的回顾与分析，并非预先的设计——否则将违背我们"追随幼儿"的初衷。

丛书的编写得到了全国各地数十家幼儿园的积极响应，得到了南京师范大学出版社的大力支持，特别是原幼教分社万斌总编辑及各位编辑为丛书的出版付出了很多辛劳，在此致以诚挚的感谢！

幼儿园课程研究的道路漫长修远，丛书的出版既是对来时路的回望，更开启了一段新的旅程，等待你我继续携手求索！

虞永平　张斌
2019年4月

- 总序 001
- 缘起 001
- 活动脉络图 002
- 关键经验结构图 003
- 关于棉花我知道 004
  - 一、棉花藏在哪里 004
  - 二、棉花长在哪里 009
- 一起种棉花 012
  - 一、棉花怎么种 012
  - 二、播种 016
  - 三、为什么有两种颜色的花 024
  - 四、一起做实验 028
  - 五、结出果实 032
- 收棉花 040
  - 一、收棉花 040
  - 二、数棉籽 044

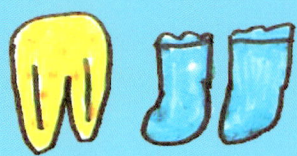

- **棉花妙用功能大** ……048
  - 一、棉花真有用 ……049
  - 二、棉花捻棉线 ……053
  - 三、棉花变造型 ……058

- **棉花的全收获** ……063
  - 一、最后一次收棉花 ……063
  - 二、寻找棉花的根 ……066
  - 三、棉花去哪儿了 ……070

- **后记** ……076
  - 一、幼儿的收获 ……076
  - 二、教师的收获 ……077
  - 三、家长的收获 ……078

这一天的游戏时间，娃娃家的"妈妈"可儿抱着"宝宝"，急匆匆地跑过来和老师说："老师老师，不好啦！我们家宝宝的被子破啦！你看，被子里的棉花好多都不见了！"她指着破了洞的被子看着老师，大眼睛里闪烁着急切的光芒。

是呀，因为棉花漏了出来，娃娃的被子显得稀疏又单薄，这可怎么办呢？这件"大事"让玩其他游戏的小朋友也凑了过来，着急地一起开始想办法。

"我们可以用针线把洞缝起来，我看我奶奶就是这么做的！"爱动脑筋的当当第一个想出了主意。

"可是缝起来后娃娃的被子还是很薄，她会很冷的。"细心的安安提出了自己的疑虑。

"我们再给被子里塞一些棉花就暖和啦！我们睡午觉盖的被子就是这样的。"饺饺看到漏出来的棉花想到了一个好办法，这个办法得到了大家的一致同意。

被子破了个洞

小朋友们进入大班后，对班级的事情越发有了责任感和主人翁的意识，第二天，便有热心的小朋友从家里带来了很多棉花，在老师的帮助下给娃娃的被子装了很多棉花。娃娃的被子问题解决了，小朋友们却对那一团团白白的棉花产生了兴趣。"棉花从哪里来的呢？""棉花糖是棉花做的吗？""棉花是长在树上的吗？""我的衣服是棉的，是用棉花做的吗？"藏在身边的棉花让他们产生了许多问题，强烈的探究欲望让老师发现了教育契机。为了满足他们的好奇心，揭开棉花神秘的面纱，大家决定一起走进未知的棉花世界。

▶ 活动脉络图

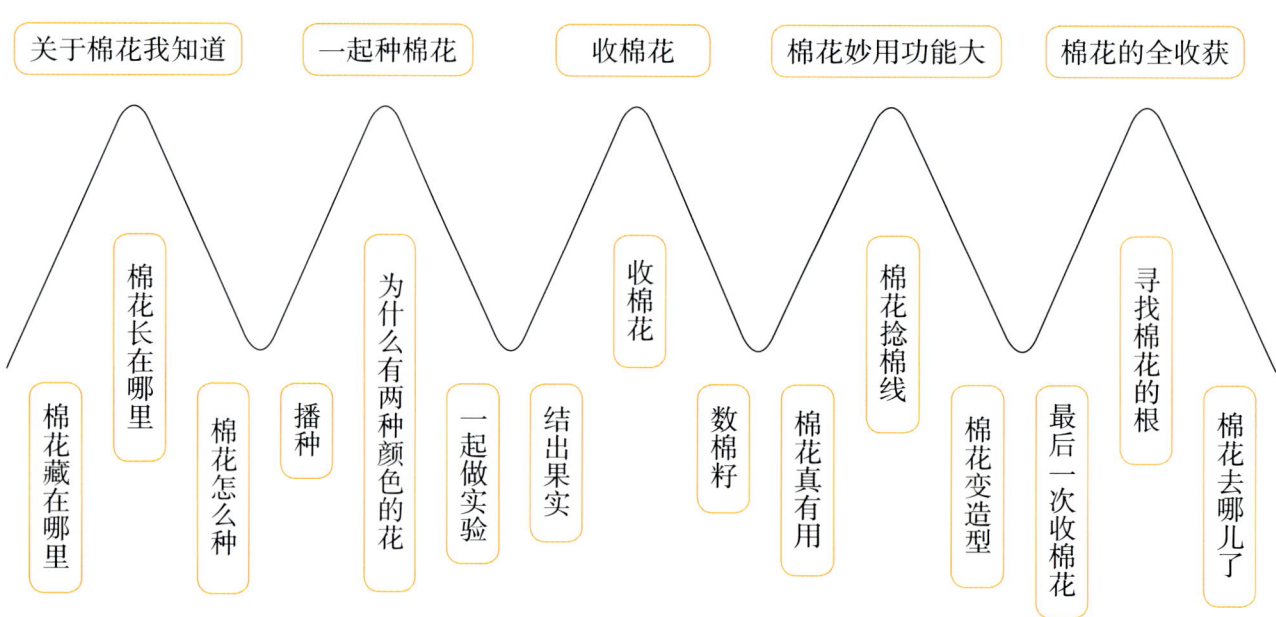

▶ 关键经验结构图

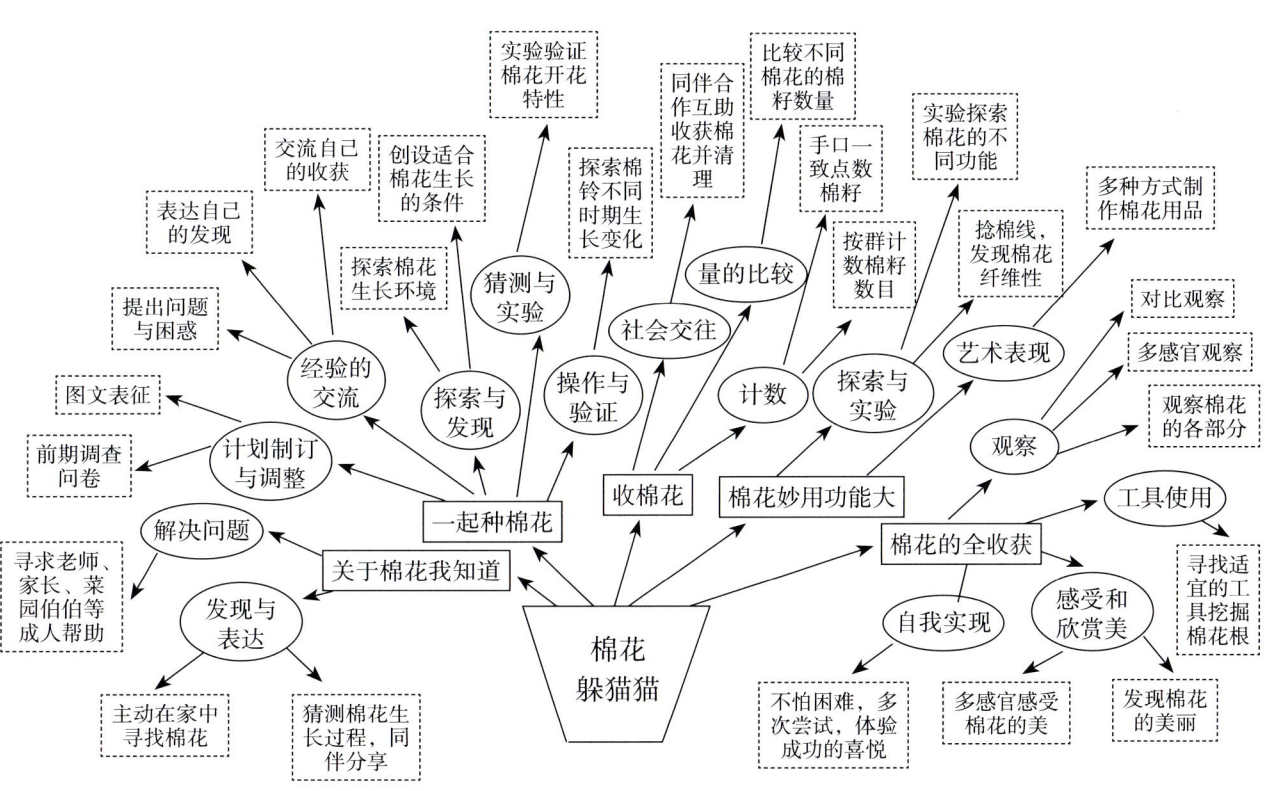

一、棉花藏在哪里

"你们见过棉花吗?在哪里见过呢?"这个问题一出现,教室里顿时炸开了锅,很多孩子都说见过棉花,有的说在商场做棉被的地方见过,有的说家里小玩偶肚子里就藏有棉花,有的说家里棉被里有棉花但从来没有打开来看过。棉花,仿佛随处可见却又像在和我们躲猫猫。那生活中,棉花又藏在哪里?孩子们带着这个问题,回到家中开始寻找……

第二天,孩子们带着自己找到的棉花来到了幼儿园,大家兴高采烈地分享着自己找来的棉花。妙妙带来了小时候盖过的棉被;月月带来了藏有棉花的小玩偶;漪漪带来了小时候穿过的棉袄;懿仁带来了一包棉签;甜甜带来了一包医用棉球;约翰带来了棉袜,妈妈告诉他棉花就藏在棉线里;睿睿带来了一块标签上写有"含棉量80%"的棉布。分享后,孩子们感叹道:"原来生活中到处都有棉花啊!"

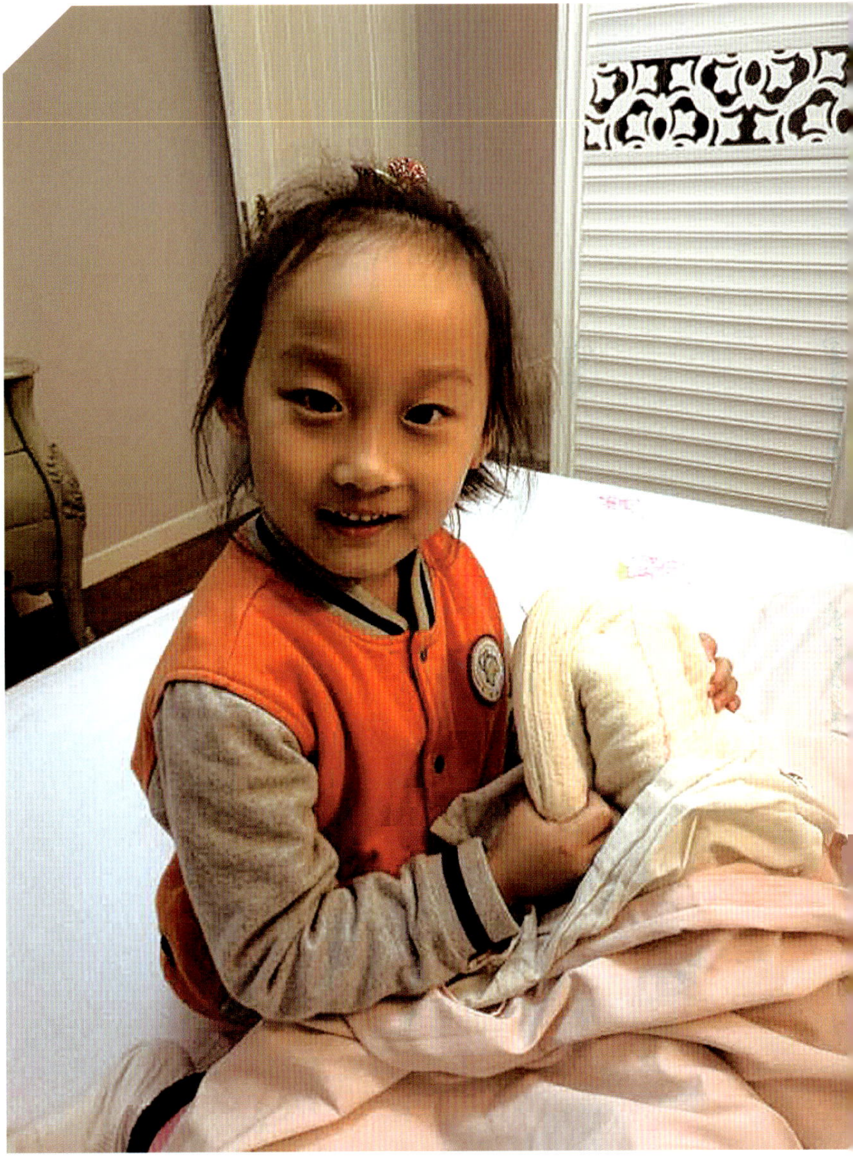

妙妙找到藏在被子里的棉花

关于棉花我知道

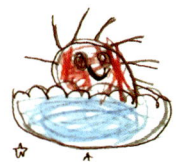

幼儿的经验与学习

"娃娃家的被子破了个洞"这样一个偶然事件,激发了幼儿对棉花的探究兴趣,于是他们去生活中寻找"棉花藏在哪里"。在找寻答案的过程中,幼儿发现棉花藏在生活中的各个角落和我们躲猫猫。幼儿对棉花的前期经验从此建立,这样的学习是自发的、主动的,它推动着幼儿进行更加深入、持续的系列探究活动。

教师的思考与支持

教师捕捉到了幼儿对于棉花的强烈兴趣，为了让这样的兴趣转变成深层次的探究欲望，教师决定让幼儿自己去生活中寻找棉花。幼儿在自己的身边发现了棉花的各种"藏身之处"，当他们带着自己的发现来到幼儿园交流分享时，经验的传递就从这里开始了。其实，幼儿带来的发现背后也有家长的经验支持，小小的一次发现与交流凝聚了多方智慧。

听听和仁仁找到了棉花

008　棉花躲猫猫

二、棉花长在哪里

孩子们在生活中寻找到棉花的很多痕迹，对棉花的兴趣越来越浓，他们又提出了新的问题：棉花是长在哪里的呢？

睿睿："棉花是树上长的，幼儿园里的桂花、海棠花、广玉兰花都长在树上呀。"

乐乐（直摇头）："不是不是，棉花是地里长的，小农场里的油菜花和菊花脑花都是长在地里的。"

毛毛满脸疑惑并小声地说："我觉得棉花应该像白云一样长在高处，就像幼儿园里的紫藤花、金银花、蔷薇花一样爬在藤架上。"

那棉花究竟是长在哪里的呢？孩子们决定去小农场请教菜园伯伯，看他是否知道答案。教师和菜园伯伯提前商量，请菜园伯伯在孩子们向他请教时不要直接告诉他们答案，而是将种子交给他们，让他们自己去种植棉花，在种植的过程中寻找到答案。所以，当孩子们去找菜园伯伯时，菜园伯伯给了孩子们一些棉花的种子，告诉他们答案需要他们"种出来"……

幼儿的经验与学习

对于棉花的生长过程，幼儿是不了解的，但是在讨论中，他们能够迁移自己的生活经验进行推理和猜测。同时，为了验证自己的猜测，他们想到了去求助更有经验的人——菜园伯伯。

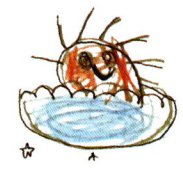

向菜园伯伯寻找答案

教师的思考与支持

　　幼儿在探究过程中遇到问题时，教师没有直接给出答案，而是鼓励幼儿自己发现问题、获得答案。教师刻意和菜园伯伯的事先"串通"，是对幼儿好奇心和探究欲望的保护。教师希望，对于棉花的探究，幼儿是主导者，教师作为支持者、引导者、合作者一路追随。这样的积累可以有效地培养幼儿对科学探究的兴趣，也可为幼儿科学探究能力的养成打下坚实的基础。

一、棉花怎么种

对于这颗新奇的种子，孩子们充满了好奇。

嘉芯："棉花种子为什么是蓝色的？"

弢弢："我们之前种的玉米种子是粉色的，有粉色的棉花种子吗？"

冉冉："棉花的种子是水滴形的，一头尖尖的，一头圆圆的。"

浩浩："棉花种子是不是也像大蒜一样，种植时，圆圆头朝下，尖尖头朝上？"

约翰："每种一颗种子就要挖一个坑吗？"

孩子们对于棉花种子的颜色和怎么种植棉花有很多疑问，于是，教师将孩子们的问题记录、整理，制作了调查表"关于棉花我知道"，请孩子们通过和爸爸妈妈一起翻阅书籍、上网查找资料、询问有种植棉花经验的人完成调查表，初步了解棉花种子及种植棉花的步骤和注意事项。

孩子们用图画的形式记录收集到的有关棉花的知识，并请父母协助他们进行了文字补充，完成了调查表，他们获得了关于棉花种子和种植棉花的新经验，并在第二天的晨谈活动中分享了自己的收获。

当当在爸爸的帮助下，通过上网查阅资料发现：蓝色的棉花种子是因为包裹了一层蓝色保护膜，这个膜里加入了可以防止虫害和细菌的农药和肥料。

蓝色的种子

　　浩浩在和有经验的爷爷探讨后发现：种植棉花首先要挖种植沟，然后再将棉花种子放置于沟中。这和孩子们已有的种植大蒜的经验不一样。这对孩子们来说是前所未有的尝试。

　　小贝通过上网观看视频后发现：坑和坑之间要空出距离，是为了给长大后的棉花腾出地方；每个坑放 2—3 粒棉花种子，既为了确保棉花种子的成活率，又是为了防止种子过多出现拥挤现象影响棉花的生长。

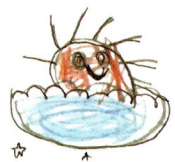

幼儿的经验与学习

在完成调查表的过程中,幼儿获得了关于棉花的新经验,为后面探究棉花生长之旅奠定了良好的基础。同时,幼儿完成调查表的过程也培养了其前书写能力。

教师的思考与支持

《指南》中指出"5—6岁幼儿在成人的帮助下能制订简单的调查计划并执行"且"能用数字、图画、图表或其他符号记录",因此教师和幼儿一起制作了"关于棉花我知道"的调查表,让幼儿与家长们一起完成调查表,进行种植棉花前期经验的铺垫,让家长了解和参与到幼儿园的活动中来。

菜园伯伯在播种

二、播种

经过前期的调查，孩子们了解到棉花是喜光作物，所以要给棉花找一个向阳、光照好的地方。可是当孩子们来到小农场时却犯难了。棉花种在哪里呢？哪块地光照最好呢？

漪漪："太阳从东边升起，东边的地光照好。"

睿睿（直摇头）："太阳会慢慢从东边向西边移动呀，所以东边的地光照不一定最好。"

棉花躲猫猫

妮妮:"中午是光照最好、最长的时候,我们中午一起来看看就知道了。"

经过讨论和实地考察,在小农场的南北方向,并且靠近我们大二班的后门处有一块地正合适,孩子们不放心,还特意请教了菜园伯伯,在得到菜园伯伯的认可后,孩子们立刻欢呼起来,并邀请菜园伯伯下午和我们一起翻土、种植棉花。菜园伯伯笑呵呵地点点头并问道:"你们知道翻土、种植需要哪些工具吗?"

乐乐:"我们需要小铁锹翻土和挖种植沟。"

当当:"我们需要小耙子和小铲子将大土块弄碎。"

冉冉:"我们还需要小帽子、小手套保护自己。"

浩浩:"还有水桶,种完要浇水。"

下午,孩子们迫不及待地戴着小帽子、小手套,拿着小铁锹、小铲子,提着小水桶,带上棉花种子来到小农场,可是当大家正准备挖种植沟时又遇到了困难。如何挖种植沟呢?浩浩拿着小铁锹用菜园伯伯教的方法试了试,歪歪扭扭的一排小沟遭到了大家的嫌弃。怎样才能挖得直直的呢?大家又热烈地讨论起来。

当当:"我们可以找一个长长的尺子,这样挖的沟就直直的。"

约翰:"哪有这么长的尺子呀?"

嘉芯:"我们可以用绳子作尺子,两个小朋友各抓住一端。"

大家一致赞成。

就这样,在菜园伯伯的带领下,孩子们用小锄头挖出小小的种植沟,将一粒粒棉花种子小心地放在小沟里,轻轻地盖上土,再浇上水。就在这时,菜园伯伯拿来了一张白色薄膜。

一起种棉花

小贝连忙问:"伯伯,这白色的是什么呀?"

菜园伯伯:"这是地膜。"

冉冉:"这好像家里用的保鲜袋,这是干吗用的呀?"

菜园伯伯:"这是地膜,盖在我们种的棉花上。"

妮妮:"为什么要盖一层地膜呢?"

冉冉:"可能是防止别人踩到它们吧!"

妮妮:"会不会是怕有虫子吃它们呢?"

菜园伯伯:"地膜是为了保暖,这样小苗苗才会快快长出来。"

于是,孩子们学着菜园伯伯的样子盖上地膜,盖好后还趴在泥土边跟自己的棉花种子说:"棉花宝宝,快快长大哦。"

和菜园伯伯一起盖地膜

一起种棉花

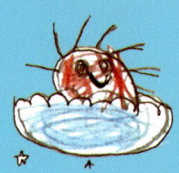

幼儿的经验与学习

幼儿虽然有过种植的经验,但是如何系统地种一种农作物,对他们来说还是一个挑战。他们向有经验的菜园伯伯学习,在仔细地观察和细致地咨询后,他们知道了种植棉花的方法及这样做的原因。

教师的思考与支持

尽管菜园伯伯拥有丰富的种植经验，但是教师作为本次活动的引导者和支持者，对于种植棉花的了解是否足够了呢？对于教师来说，这也是一边研究一边学习的过程。因此教师应当主动学习相关科学知识，以便在今后更好地支持幼儿进行深度的探究活动。

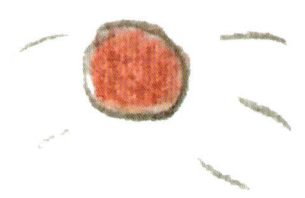

每天早晨来园、课间活动时、放学后，孩子们都会走进小农场，仔细观察棉花种子是否发芽了。

一天早上，睿睿兴奋地跑过来："蔡老师，我们种的棉花发芽了，我看见了。"

懿仁："我的也长出来了，长这么高了。"懿仁激动地用手指比画了一下。

当大家都兴高采烈地观察着自己的棉花苗，发表自己的看法时，则睿却着急地大声哭了起来："你们的都发芽了，为什么我的还没有长出来？"

睿睿："你这颗种子是不是坏了发不了芽，你看我们的都发芽了。"

约翰："你是不是种子放得太少了，被虫子吃了？"

"不可能。"则睿坚定地说，"我放了5颗棉花种子，不可能全都坏了，或者被虫子吃了啊。"当听到他放了5颗棉花种子时，大家都说他放太多了。

看着则睿越来越着急，晨晨赶紧安慰道："别急，也许明天就能发芽了。"安安也安慰道："别急，则睿，我的也没发芽呢，小芽芽就像我们小朋友，有的长得高，有的长得矮，有的长得快，有的长得慢呀。"听安安这么一说，则睿果然不那么伤心了，擦干眼泪和安安一起在棉花地里嘀咕了半天……在接下来的三天里，则睿和安安总是一起早早地来到棉花地观察他们的小芽芽有没有出来，终于在第四天的早晨，棉花地里传来了他们的欢呼声。他们的棉花终于也发芽了。

在孩子们的精心照料下，棉花苗苗越长越大，小芽芽逐渐舒展，变成了一片片小叶子，棉花的茎也越长越高。孩子们和棉花一起比个子，还以绘画的形式记录下了棉花的变化。有一天，他们发现棉花长得比班上最高的小朋友还要高了，不禁感叹生命的力量真大啊！

棉花长出小苗苗啦

一起种棉花

开了两种不同颜色的花

三、为什么有两种颜色的花

很快,两个月的暑假生活来临了,孩子们对这片棉花地依依不舍,开学后孩子们来到幼儿园的第一件事就是去棉花地。当当第一个到达并发出了惊叹声:"哇,快来看啊,棉花开花啦!"孩子们三五成群地讨论起来,忽然梓馨指着开满花朵的棉花问:"咦?这是棉花吗?白白的棉花在哪里?"她的话顿时在人群中炸开了锅,有的孩子走近后拨开棉花叶子仔细寻找,有的孩子用小手摸摸花朵,有的孩子还用鼻子凑上去闻一闻,最终,他们发现这些花朵并不是棉花,而是棉花的花。

孩子们还发现棉花开了两种颜色的花：浅粉色和浅黄色。面对这一新发现，孩子们产生了疑问：棉花的花为什么会有两种颜色？于是，孩子们根据自己原有的经验大胆猜测起来，有的认为可能是品种不一样，有浅黄色的也有浅粉色的；有的认为应该一个是雌花一个是雄花，就像一个是爸爸一个是妈妈一样。

针对孩子们的疑问，教师并没有直接告诉他们答案，而是和孩子们带着观察记录表来到棉花地进行了深入探究。晨晨把两朵花进行对比观察后发现：浅黄色的花比浅粉色的花看上去更大、更鲜艳。小贝拿着放大镜左看右看后说道："浅黄色的花都是打开状的，浅粉色的花都是合拢状的。"睿睿指着一朵未开花的棉花说："老师你看，我发现含苞待放的花骨朵是浅黄色的，所以棉花的花小时候肯定是浅黄色。"听了睿睿的话，其他孩子也去观察了，确实像睿睿说的那样。于是，大家猜测：棉花的花可能刚开始是浅黄色，长大后会变成浅粉色。

仔细观察棉花的花并记录

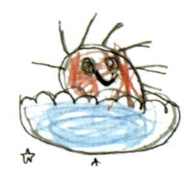

幼儿的经验与学习

　　幼儿对于棉花的探究逐步深入，探究的点也逐步变小，他们发现一个非常值得探究的点——棉花的花，棉花竟然同时开着两种颜色的花，对于幼儿来说，这是一个新发现、一种新经验。于是他们带着记录表对棉花的花进行了细致的、深入的观察，对两种颜色的花的形态、颜色进行了比较，用符号与图画将自己的发现记录下来，并与同伴进行了交流。在观察与交流的基础上，他们猜测棉花的花开始是浅黄色，慢慢变成浅粉色。

教师的思考与支持

幼儿猜测棉花是先开浅黄花,再开浅粉花,那究竟是不是这样呢?教师没有直接告知答案,而是退后一步,放手让幼儿去观察、去猜测、去比较,正是有了这样一个探究的过程,幼儿后期对棉花的花才有了充分的了解。

四、一起做实验

孩子们的猜测究竟对不对呢？大家决定要验证一番。怎么验证呢？有孩子提议可以找台摄像机，拍下棉花的花的变化，这样就可以知道我们的猜测对不对了。有孩子提出异议，认为晚上太黑摄像机根本拍不清楚。有孩子又提议可以找一种颜色的花，然后第二天再看看会不会变色。有孩子又提出异议，那么多棉花，怎么知道今天看的和明天看的是同一朵棉花？最终，在大家的讨论下，一个既简单又方便的方法诞生了——选择两朵不同颜色的花分别系上两种不同颜色的彩带做记号，持续观察花朵的颜色有什么变化。于是，梓馨找来了两种颜色的彩带——绿色和黄色，孩子们分成两组，一组找到一朵浅黄色的花系上绿色的彩带，另一组找到一朵浅粉色的花系上黄色的彩带。第一天过去了，两朵花没有明显的变化，大家继续耐心等待。直到第三天，一大早老师就听到大家的呼喊声："老师，你看，浅黄色的花变成浅粉色的了，浅粉色的花没有变，但是却枯萎了。"大家感叹道："真的是这样！棉花先开浅黄色的花，随着时间的推移浅黄色的花会变成浅粉色的，好神奇哦！"

小心翼翼地系上标记彩带

一起种棉花 029

幼儿的经验与学习

在思考如何验证自己的猜想时，有些幼儿积极开动脑筋提出了许多方法，其他幼儿也积极思考，发现了其中一些方法的漏洞并提出了质疑。最终，在思维的碰撞中，大家想到了一个最方便最容易验证的方法——做标记进行对比观察，这体现了《指南》中的"能通过观察、比较与分析，发现并描述不同种类物体的特征或某个事物前后的变化"与"能用一定的方法验证自己的猜测"。实践证明他们的方法行之有效，他们证实了棉花的花先是浅黄色再变成浅粉色的生长特性。在这一过程中，也体现了幼儿积极动脑、持之以恒、细心观察的学习品质。

教师的思考与支持

大自然及周围生活中的各种事物和现象最能引起幼儿的好奇心和探究兴趣，也是幼儿发现事物特征，概括、分类和寻求事物间关系等思维活动发生最集中的领域。棉花的花同时有两种颜色这样一个神奇的现象，激起了幼儿强烈的好奇心与探究欲望，可见教师带领幼儿走近大自然去发现、探索，对幼儿科学探究能力及学习品质的养成非常有好处。

做好标记的两朵花

一起种棉花

五、结出果实

接连几天下雨，孩子们喝水时站在窗户边看着被风吹得摇摇晃晃的棉花，非常担心棉花的生长情况。终于不下雨了，孩子们直奔棉花地……

可儿："啊呀，好多棉花都被雨点给打落了。"

浩浩："你们看，这是什么？"浩浩指着一个圆溜溜的东西问。

当当："咦，这是什么，好像一个绿色小果子。"

糖糖："我这个比你的大，像个小桃子。"

元元："哇，好冰，好硬，你们摸摸看。"

睿睿："这会不会是棉花结的果子啊。"

这时候菜园伯伯走过来，大家赶紧问菜园伯伯。

小朵："菜园伯伯，这个硬硬的是什么呀？"

菜园伯伯："这个是棉桃。"

浩浩摇了摇棉桃："棉桃里面有什么？"

硬硬的棉桃

打开后的棉桃

摸起来湿漉漉、黏黏的

晨晨:"棉桃里面应该是棉花的种子。"

睿睿:"不对,不对,棉桃里面应该是白白的棉花。"

浩浩:"棉花是软软的,这个棉桃像石头一样硬,里面不可能是棉花。"

当当:"我们打开看看不就知道了!"

于是,孩子们决定打开棉桃看看究竟。他们找来了儿童小刀,在老师的帮助下,将棉桃切开了。

夏天:"里面并没有白白的、软软的棉花啊?"

睿睿:"这是什么?"睿睿将棉桃里面浅绿色的东西抠出来,研究了半天,当当也参与其中。

当当:"摸起来湿湿的、黏黏的,有股毛豆的味道。这是棉花小时候的样子!"

一起种棉花

棉桃什么时候才能长大有棉花呢？孩子们有点着急了，去小农场的次数也明显增加了。又过了几天，孩子们发现有些棉桃表层颜色由灰绿色变成黄褐色，大家都猜测棉桃"成熟"了。

乐乐："棉桃表层变色了，就像香蕉一样，变色了就熟了。"

妮妮仔细观察发现："棉桃比之前轻了不少。"

约翰："我也觉得棉桃成熟了，棉桃壳也没有之前那么光滑了，现在有点干枯、粗糙。就像石榴一样，它的水分正在减少。"

冉冉："我们还是切开看看吧！"

打开棉桃后，孩子们发现棉桃里面还是没有白白、软软的棉花。晨晨发现棉桃里面浅绿色的纤维明显变长、变多了。

这到底是怎么回事呢？带着问题，孩子们回去查找资料发现：棉桃发育过程一共会经历三个时期：体积增大期、棉桃充实期、脱水成熟期。原来棉桃还没有"成熟"。

仔细观察、探究棉桃

一起种棉花

经过漫长的六个月的悉心照顾，大家终于迎来了棉桃的脱水成熟期，一大早棉花地就传来了好消息。"老师，老师，你快来看啊，全是棉花。"老师听到后，也按捺不住内心的激动，加快脚步走到孩子们身旁。

则睿："你们看，棉桃都炸开了，露出了白白的棉花，就像爆米花一样。"

晨晨："全都是像雪一样白白的棉花，摸起来软软的，闻起来香香的。"

约翰："我要用这棉花做条棉被。"

妙妙："我要做个洋娃娃。"

睿睿："我好想把它带回家呀！小贝你想做什么？"

小贝："我还没想好，但我好想现在就把它们摘了，老师可以吗？"

老师："当然可以啦！"

棉桃不同时期的生长变化

幼儿的经验与学习

探究过程行进到这里,幼儿已经逐渐养成了遇到问题自己积极想办法解决的习惯。这一次对于棉桃里面究竟是什么,幼儿决定打开看看,这体现了他们能够主动发现问题、分析问题、解决问题的能力。实验是寻找答案、解决问题最有力的方法。这次得到的结果让幼儿对棉花有了更加生动的认知。

教师的思考与支持

教师带领幼儿通过对"棉桃里面是什么"进行集体讨论，以这种方式去解决幼儿活动中的问题，让幼儿都参与其中。参与度提高了，幼儿的兴趣自然就增加了，而且这样幼幼互动的方式让幼儿真正成为活动的主人。在整个讨论中，教师作为活动的发现者、引导者和支持者，鼓励幼儿围绕这一问题去思考、去探究。在幼儿探究得出结果后，教师积极肯定了他们的发现，满足了他们探究成功后的成就感。

一、收棉花

孩子们兴奋地一刻都等不及了,有的孩子直接用手把棉花摘下来,有的孩子用剪刀将整个棉桃剪下来,大家一起齐心协力将成熟的棉花采摘下来。可收下来的棉花有的带壳,有的带枝,还有的脏脏的,放在一起非常不干净。于是大家又齐心协力将棉花从棉花壳中分离出来。果然,收拾好的棉花既干净又洁白。

睿睿:"咦,你们有没有发现,棉花里面有硬硬的东西?"

浩浩:"我早就发现了,摸起来硬硬的,感觉形状像水滴,和葡萄籽差不多大。"

睿睿:"这是什么呀?"

懿仁:"棉花籽吧,就像葡萄籽一样!"

乐乐大声喊道:"你们看,我剥出来了一个,是棉花籽。"

于是,几个小伙伴又讨论了起来。

收棉花

棉花大丰收

042 棉花躲猫猫

幼儿的经验与学习

收获，是幼儿在这一段长达半年的探究之旅中的巅峰体验，这一段时间对棉花的辛勤照料与付出的陪伴终于有了回报，他们带着满腔的喜悦去进行收获，在这一过程中，他们体会到了从播种到收获的不易，体会到了生命成长的意义，也体会到了在一个种植探究活动中能够收获的不仅仅是果实。在收获中他们也没有停止发现的脚步，他们发现了棉花里藏着硬硬的东西，又引发了一个新的值得探究的点。

教师的思考与支持

作为一个种植活动，活动进行到收获果实就结束了吗？不，还远远不止，我们提倡的是全收获理念，除了果实，植物的根、茎、叶、花都是我们可以收获的，幼儿在种植活动中通过学习所获得的经验更是教师所期待的收获，因此我们的探究之旅还在进行中……

二、数棉籽

刚采摘下来的棉花白白的、软软的,里面的棉籽摸起来硬硬的,形状呈水滴形,大小如枣核。"你们知道每朵棉花有多少颗棉籽吗?"老师的问题让孩子们争论起来,有的孩子说有10个,有的孩子说有50个,有的孩子认为有100个!到底有多少呢?当当提议道:"我们一起数一数就知道了。"于是,教师和孩子们一起进行了点数棉籽的活动,但是新的问题也随之而来。

睿睿:"老师、老师,快来帮帮我!我捏着棉籽数,好像数混起来了。"教师闻声走过去,只见睿睿捏着一团白白的棉花急得满脸通红。

浩浩见状大声喊道:"我来帮你,我来帮你。"只见他们俩一起捏着数了起来,但是同样的问题又出现了,因为看不清棉籽,所以他们越数越多、越数越混。出现类似问题的孩子也越来越多,大家陷入了困境。就在老师想提醒孩子们时,当当想到一个好办法:"这样数看不清,我们可以先把棉籽一颗一颗剥下来再数。""对对对,我们可以用点数的方法进行数数。"说完,大家又沉浸在数棉籽的活动中。

然而,针对同一朵棉花,竟然出现了棉籽数不一样的情况。孩子们又开始叽叽喳喳讨论起来。有部分孩子渐渐失去耐心和兴趣,注意力开始转移,有孩子和伙伴因数的数目不一样开始争论起来;还有部分孩子不知所措地站在那儿。在一旁观察的老师决定介入:"我们怎么区分数过和没数过的棉籽呢?"甜甜很快联想到以前数数的经验:"可以把棉籽一个个抠下来,数好的放在一边,这样就不会混起来了。"

孩子们按照甜甜的方法开始数起来,可是由于棉籽太多,又太小,还是出现了问题。梓馨急着喊道:"我刚刚数到哪里了?我好像忘记了,我又得从头再数了。"

老师听到后走了过去,梓馨邀请老师和她一起数。老师数了10个放到一边,再接下来数10个,

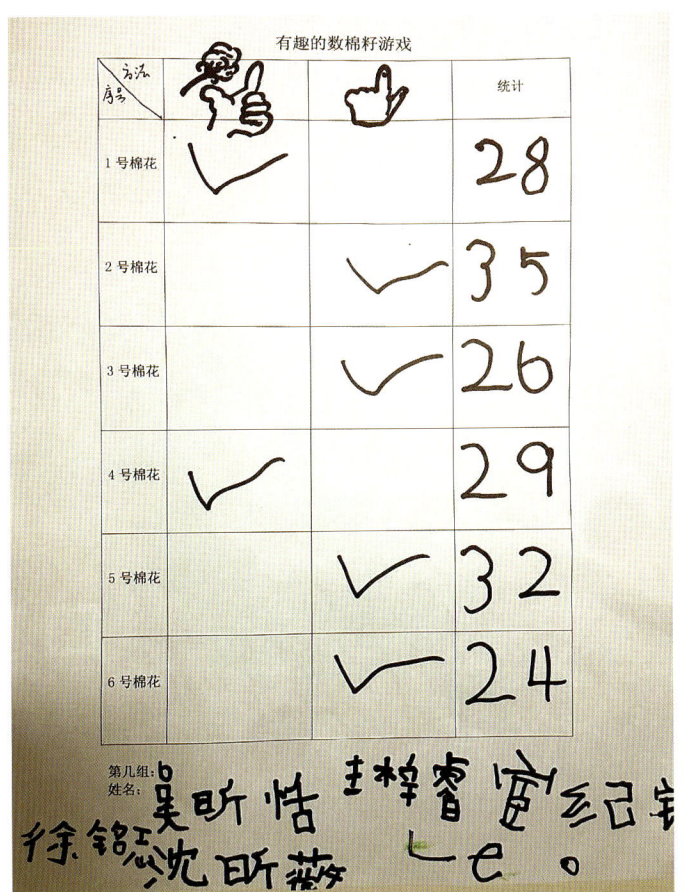
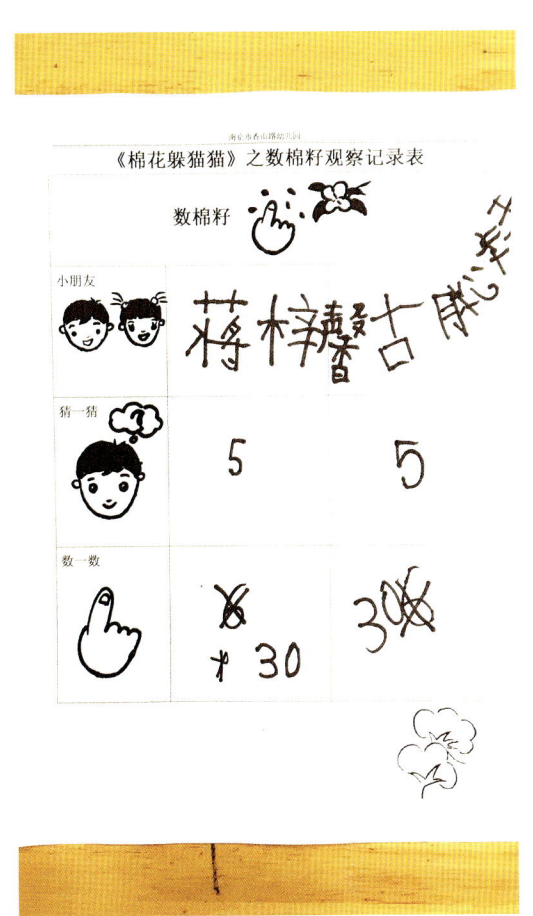

数棉籽记录表

又放在一边,梓馨看到老师的数法后,也学着用老师的方法数了一遍,果然和老师数出来的结果一样。

孩子们学习了老师的方法,开始了两人合作,用10个一数的方法一起点数,数过之后彼此验证数的数目是否相同,并记录下来。果然这样的方法既方便,又不容易数错。此外,通过记录,他们发现,原来每朵棉花里的棉籽数并不一样,而且每朵棉花里的棉籽数量大约在20—40粒。

幼儿的经验与学习

"数棉籽"是基于幼儿在收获棉花时发现棉籽而生成的一个数学探究活动。幼儿在尝试点数棉籽数量的过程中,遇到了一些困难:棉籽太多数不过来,捏着数容易数混……这是由于6岁左右的幼儿对数字的固定顺序还不是很熟练,同样对于阿拉伯数字的10进位,幼儿一般对于两位数上个位数为0—9的数序认识没问题,但是个位数9之后的10进位是一个难点,认识数序和了解数序的结构,需要幼儿重复地练习与理解。捏数出现问题时,在教师的提醒下,幼儿迁移了点数的已有经验,把棉籽一颗颗抠下来再数,数过的放在一边,没数过的放在另一边。由于棉籽太多、个头又小,一颗颗数的过程中容易忘记,幼儿通过学习教师的10个10个群数的方法,完成了数棉籽的活动,并通过记录,发现了不同棉花的棉籽数不一样且棉籽数量在20—40之间的规律。

教师的思考与支持

在数棉籽的过程中,幼儿遇到了很多问题,比如有的幼儿不能很好地理解棉籽计数过程中一一对应的关系,因此出现了重复点数的现象,针对这种情况,教师通过提问帮助幼儿回顾之前点数大数量物体时的经验,可以将数过的棉籽放在一边,再数没数过的,并给予了他们充分的时间去练习。当解决了这个困难之后,幼儿又出现数过10之后开始混乱的现象,教师又引导幼儿尝试10个10个按群计数,将10个棉籽作为一个整体去考虑,这样计数的效率和正确率都得到了很大提高。

棉花妙用功能大

棉花真有用

一、棉花真有用

孩子们收获了棉花,对棉花的用途再次产生了兴趣。于是,"棉花真有用"的调查问卷诞生了。通过调查,孩子们了解到原来棉花不仅在生活中被制作成棉被、棉袄,给人们提供温暖,它还能成为医用的消毒包扎材料。棉花真有用!棉花为什么会这么有用呢?孩子们又开始了激烈的讨论。

苒苒:"因为棉花很保暖,经过太阳晒过的棉被摸起来非常柔软,晚上盖上晒后的棉被,我会感觉棉被暖暖的、软软的,伴着淡淡的太阳的味道,让我很快就能睡着。"

妮妮:"妈妈每次买衣服都会给我买棉质的,因为棉花既干净舒适,又透气吸汗。"

睿睿:"电视里的广告经常说棉花是纯天然、无污染的,白白净净的。"

棉花为生活和医学所用

彤彤:"医院里的棉球,应该很干净,很卫生。"

晨晨:"棉花轻柔,用它来包扎伤口,很舒服。"

随着找到的"棉花"越来越多,孩子们探究的兴趣也越来越浓厚。一天,他们发现带来的玩偶肚子里有一些看上去长得和棉花一样的"棉花",但是细心的孩子们还是发现了不一样的地方。听听发现棉花摸起来更柔软,玩偶肚子里的"棉花"摸起来滑溜溜的;仁仁发现棉花闻起来没有任何味道,而玩偶肚子里的"棉花"闻起来有股刺鼻的味道;然然通过仔细观察发现棉花看上去要比玩偶肚子里的"棉花"更加紧实。这是棉花吗?如果不是的话,它是什么呢?它和棉花有哪些不一样呢?孩子们提出了疑问。于是老师发放了一张"不一样的'棉花'"观察记录表并让孩子们回家与爸爸妈妈一起完成。第二天过来,孩子们告诉老师这个"棉花"叫化纤棉,它的名字里虽然有"棉"字,但它并不是棉花。通过和爸爸妈妈的合作,他们对化纤棉有了更多的发现:睿睿的爸爸带着睿睿做了两个小实验,他们通过燃烧两种"棉花"惊奇地发现化纤棉要比棉花更易于燃烧;通过摩擦起电的实验,他们发现了棉花不易起静电,而化纤棉较容易起静电。孩子们开心地和大家分享着自己的发现。大家不禁感叹道:"棉花真厉害啊!"

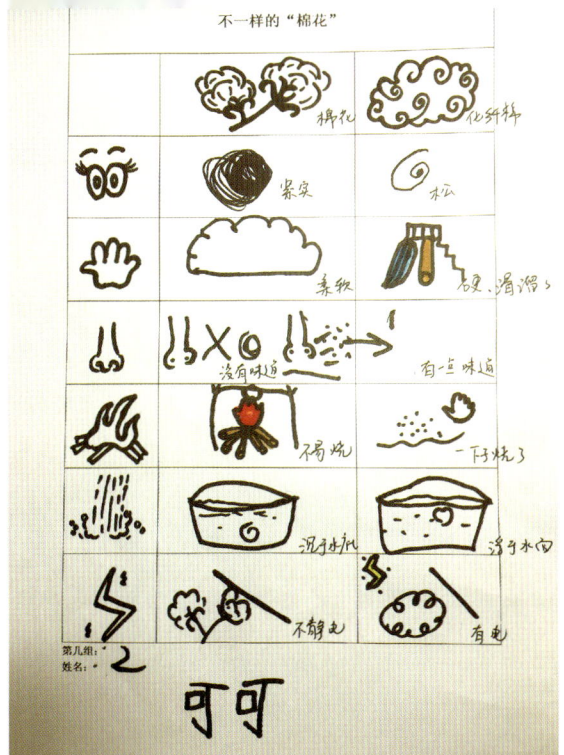

观察不一样的"棉花"

棉花摩擦起电实验　　　　　　　　化纤棉摩擦起电实验

棉花妙用功能大

幼儿的经验与学习

一开始幼儿对棉花产生兴趣，来源于教室中发生的一件事情——娃娃家的被子破了，而随着探究进程的推进，他们的关注视野逐渐开阔，逐渐走向生活。他们开始探究棉花在生活中的作用，还发现了一种长得像棉花的"棉花"，通过多感官的对比，发现了这种"棉花"与棉花的不同之处，最终通过调查研究，确定这种"棉花"不是棉花，它叫"化纤棉"，还知道了化纤棉的特点，这是一种深度学习的体现。

教师的思考与支持

幼儿发现棉花除了做衣服以外还有更多的用处,发现棉花和化纤棉的不同,这时他们的研究点已经从棉花的生长习性转移到了物理特性上了,教师在这里发挥了家长的作用,鼓励幼儿与家长合作了解更多关于棉花的特性。

棉花妙用功能大

小手碾、搓可以让棉花粘黏到一起

二、棉花捻棉线

孩子们都知道身上的衣服是由棉线缝起来的,可是棉线是怎么来的呢?有的孩子猜测:"棉花的丝拉出来就变成棉线了吧。"有的孩子说:"把棉花搓得很细很细就变成棉线了。"于是,大家尝试用小手将棉花捻成棉线,比比谁的棉线长、谁捻得快、谁的棉线细、谁的棉线粗、谁的更结实。在捻棉线的过程中,妮妮经过多次的尝试、观察与对比,发现刚摘下来的新鲜棉花比干枯的棉花更容易捻线,因为刚摘下来的棉花纤维较湿润,纤维性可以让棉花粘黏到一起。

比比谁捻的棉线长

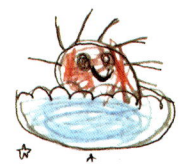

幼儿的经验与学习

棉花具有什么样的特性？棉花是怎样被做成衣服的？棉线是怎么来的？……对于这些问题，幼儿从前基本是不知道的，有些问题甚至教师也不是那么清楚，但是在探究的过程中，他们发现了捻一捻可以让圆圆的棉球变成细细的棉线，同时也发现了怎样的棉花更适宜捻棉线，怎样才能让棉线不断，这是动手探究后的真实发现。同时，幼儿彼此交流分享捻棉线的好方法，实现了经验的传递。

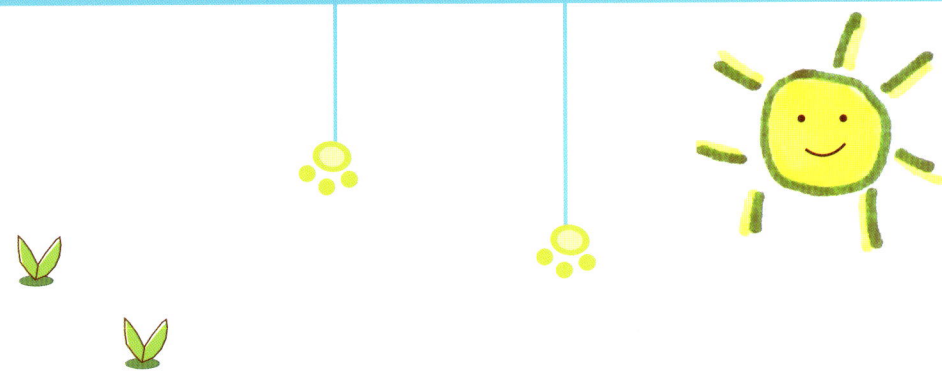

教师的思考与支持

捻棉线,是在收获棉花后开展的"玩棉花"的活动,教师鼓励幼儿不断实验自己的想法,积极动手操作,获取更多有益经验。

棉花变造型

三、棉花变造型

　　好看的棉花轻盈又柔软，将它装饰起来一定很漂亮，孩子们有的想要将棉花做成草地上奔跑的小绵羊放到自然角做环境装饰；有的想要把棉花做成天上白白的云朵挂在教室；还有的想把棉花塞到棉布里，做一个可爱的小抱枕送给妈妈……好看又好玩的棉花在大家手中仿佛被施了魔法，变成了一个个充满创意与生机的手工作品和生活用品。

棉花变造型

棉花妙用功能大

幼儿的经验与学习

  幼儿在探索的过程中,发现了棉花柔软、纯白、轻盈的特性,大胆地进行了创意制作。幼儿联系自己的生活经验,构思自己想要做的东西,和爸爸妈妈一起合作,将棉花做成了抱枕、被子、装饰品等,这是他们对于已有经验的一种自然运用,从发现走向运用,幼儿的深度学习体现于此。

教师的思考与支持

在"棉花变造型"这个活动过程中，教师将教育内容及教育理念通过棉花这一媒介传递至家庭中，运用家长的经验和智慧，让他们帮助幼儿在手工活动中，提高从发现走向运用的自我效能感，也通过这样的家园合作，让家长更深入理解幼儿园的活动，更参与到活动中，获得经验的共成长。

最后一次收棉花

棉花的全收获

幼儿日记

一、最后一次收棉花

棉花的生长经历了5月份到11月份，大家进行了棉花的最后一次采摘，孩子们非常兴奋，采摘棉花也是驾轻就熟，但是在采摘的过程中，孩子们发现还有少许的棉桃始终没有打开，它们还会打开吗？

森森："老师，我觉得它不会再打开了，因为太多棉桃挤在一起，没有得到充分的营养和充足的阳光。"

约翰："对呀，因为天气太冷，它们都冬眠了，所以不会打开了。"

冉冉："我觉得还会打开的，每个棉桃都会打开的呀。"

安安："对呀，对呀，时间没到吧，你们看之前棉桃也不是一次全打开的呀。"

这些棉桃到底还会不会打开呢？老师和孩子们商量后决定继续跟踪观察。

经过两个多星期的跟踪观察，奇迹果然没有发生，老师和孩子们找菜园伯伯询问原因，原来由于天气渐冷，雨水增多，好多棉秆已经枯烂，早已错过了关键成熟期，所以棉桃不会再打开。

这是项目小组的活动，怎么才能让研究的价值被更多孩子深入了解呢？老师请项目小组的孩子将活动的过程绘画成了活动日记，生动地记录着大家一起探索棉花的日子和每天发生的不同故事。

幼儿的经验与学习

春生夏长，秋收冬藏，经过长达半年多的陪伴，幼儿见证着棉花从小种子到萌芽，从小芽芽变得郁郁葱葱，从开花到结果，最终走向凋亡的这一自然过程。在这个过程中，幼儿逐渐感知并了解季节变化的周期性，知道了变化的顺序。他们和棉花培养出了深厚的感情，因此就像关心好朋友一样自然而然去关心棉花。"棉花怎么不长了呢？""怎么还有棉桃没打开呢？""天气这么冷，棉花怎么办呢？"这些好奇与关心体现了幼儿对自然的热爱，对生命的尊重与珍惜，这是一种难能可贵的情感。

教师的思考与支持

棉花的活动渐渐进入尾声,教师的思考却一直在延续。教师将活动日记让更多幼儿去阅读了解,也让探究活动在幼儿的心中印象更深。可以看出,幼儿对棉花产生了情感,更为生命的多样性而感慨。自然就是这么奇妙,等待着幼儿的发现与探索。虽然今年的棉花枯败了,但植物年复一年的再相见,更能让幼儿体会生命的永恒更迭与生生不息。

二、寻找棉花的根

孩子们已经知道植物的根分为须根、直根和块根,那么棉花的根属于什么根呢?孩子们决定挖出来看看究竟。

在一个细雨绵绵的早晨,孩子们迫不及待地穿上雨衣雨鞋,开始寻找棉花的根。根据已有的种植经验,他们知道根就藏在茎的下面。于是他们戴上手套,试图徒手将根和棉花秆子一起拔出来。但是一次又一次的尝试后,他们发现徒手拔根很困难,于是开始寻找工具,找来小铁锹、小耙子挖根。由于刚下过雨,泥土湿润,他们发现用小铁锹、小耙子将棉花旁边的泥土挖空以后,可以将棉花的根整根拔起,这样的发现让他们兴奋地大喊:"哇!好大的根!"拔出来以后,孩子们将根部清洗干净,他们发现棉花的根是直根,不仅如此,它还有主根和侧根呢。

挖出来的根可以做什么呢?给孩子们展示,让他们了解植物吸水的秘密;用在我们的场馆活动中,给孩子们进行艺术创作;将根部和种子摆在一起让孩子们对比,发现生命一路生长的神奇……值得我们做的,还有许多。

徒手拔根

借助工具挖根

棉花的全收获

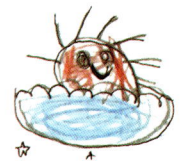

幼儿的经验与学习

幼儿对棉花是不舍的，虽然棉花已经枯败了，棉花的根还屹立在那儿，吸引着幼儿的注意。既然植物的根、茎、叶、花、果实都可以收获，那能不能把棉花的根挖出来，去看一看它生长的根源是什么样子的呢？幼儿自然地开始了对棉花的根的探究。挖棉花的根的过程中，他们体会到工具的作用——能够大大提高劳动效率，也通过在雨天的挖掘，他们体会到不同天气对于劳作的影响。这些都是亘古至今流传已久的经验，在幼儿的亲身体验和操作中实现了传承。

教师的思考与支持

在活动中，教师从不引导幼儿只关注植物的某一部分，而是引导他们进行全面而深入的观察，由这样的理念一路引领，幼儿自然而然对棉花残余的根产生了兴趣。在挖根的过程中，教师鼓励他们自己去探索这项有一定难度的任务，去发现使用工具的好处，去探索什么工具更适合于挖掘，这也是种植活动带来的收获。同时，教师也在思考，挖出的根可以做什么，让幼儿在与根的互动中获得更多新的经验。

棉花壳做的"摇钱树"

三、棉花去哪儿了

自然在悄无声息地更迭，有花开就有花落，有生长就有凋亡，当棉花枯败时，我们的活动并没有画上句号。我们把棉花壳和棉花根分别装在玻璃瓶里，一起放在种子博物馆，让大家追溯生命的历程，让孩子们好好观察并发现生命成长的能量，让他们看到时就能回想起伴随棉花生长度过的这一段愉快时光。老师和孩子们一起收获了棉花的茎、根、壳，它们在创造性游戏中变成了药材道具，在造型艺术馆的画纸画布上变成了一幅幅生动有趣的作品，重新绽放了生命新的光芒……

棉花的全收获

幼儿的经验与学习

感谢大自然的馈赠，让棉花一路伴随幼儿成长，让幼儿在持续性的探究中开展了一个个有趣而有意义的活动。从棉花的播种一路研究到棉花的凋亡，研究的进程依然可以延续，幼儿的经验也在不断地探究中实现了自然的生长。

教师的思考与支持

一路相伴，幼儿和棉花建立了深厚的感情，他们很舍不得棉花，这段城市孩子与乡间棉花相伴成长的难得经历已经在幼儿的心中化成了美好的记忆，而教师此刻要做的，是和幼儿一起将这段记忆好好珍藏，把收获的种子好好保存下来，期待明年和棉花的再相遇。

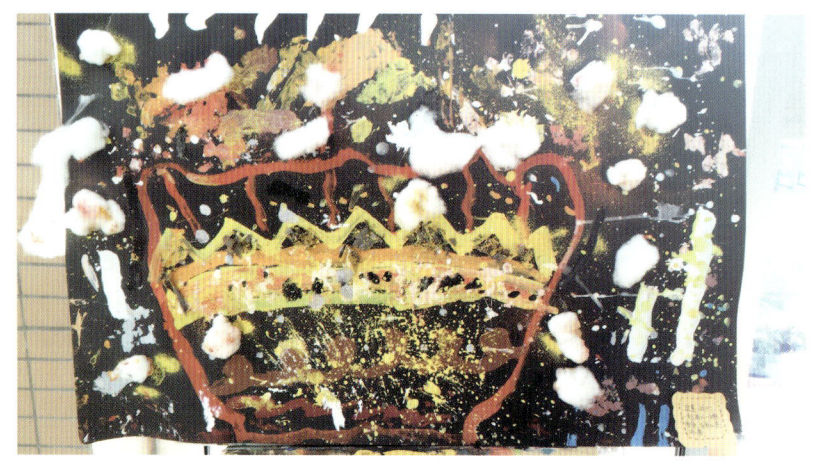

在美术馆里用棉花进行创作

在美术馆里用棉花进行创作

后记

不知不觉中,"棉花躲猫猫"的项目活动已经逐渐走向了尾声,我们全收获的进程却从没有停止,跟随着幼儿的脚步,我们一直在思考、在发现、在创造。

一、幼儿的收获

种植是人类的基本活动之一,对于幼儿来说,种植不是成人的要求,而是自身内在的需要,因为关注生命本来就是幼儿的天性。在对棉花的种植探究过程中,幼儿不仅学习到了棉花一路生长的各种形态,也了解了各个阶段如何照顾、管理棉花,学会了观察、对比、实验、记录的各种方法,在和同伴、老师、家长一起探究时,学习如何与他人合作分工,就算遇到困难也不轻言放弃,积极动手动脑去寻求解决问题的方法。

探究过程中,不断培养幼儿的学习品质,他们积极主动,认真专注,敢于操作和尝试,在种植、照顾、收获的过程中,面对出现的各种问题,积极探索方法并进行实践操作,乐于想象和创造,因此我们见证了一件又一件令人赞叹的作品的诞生。

更重要的是,幼儿的情感体验逐渐丰富,在见证棉花从播种到发芽到成熟到收获最终再凋落这段长时间持续性的探究过程中,他们体验到了生命的成长与意义。他们每天都乐意去看一看棉花,主动为棉花浇水、除草、施肥,这种发自心底对棉花的维护与喜爱体现了他们对生命的珍惜与热爱。而在长达几个月的等待过程中,他们付出了很多劳动,体验到田间劳动的乐趣与辛劳,体会到"一分耕耘一分收获"的道理。

二、教师的收获

美国教育家杜威说的"教育即生长",就是指人的可持续发展。作为教师最大的任务就是促进幼儿的生长,一切都从幼儿的需要出发,以促进幼儿的生长为重心。本次"棉花躲猫猫"的活动是真实的、基于幼儿兴趣的,在活动中教师也是一直跟随着幼儿的兴趣点,把主动权交给幼儿。教师蹲下身来,在与幼儿共同讨论棉花种植计划和进行棉花种植活动的过程中,增进了对棉花和种植的认识,增进了对幼儿天性的认识,增进了对幼儿种植活动兴趣和种植能力的认识,增进了对幼儿的观察和表征能力的认识,增进了对种植活动指导时机和策略的认识。这些,都是教师的重要收获。

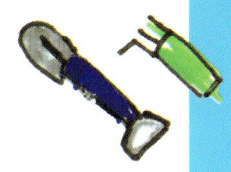

更重要的是，在这样的研究活动中，教师真正理解了对自然的学习不是搬用书本知识，不能坐而论道，而是要和幼儿一起亲身实践，让幼儿投入种植情境，参与种植过程，让幼儿带着情感去关注自己的成果，去呵护我们的棉花。这才是真正的以直接经验为基础、在日常生活中进行的学习，才是真正的通过直接感知、实际操作和亲身体验进行的学习。

可以说，教师不仅和幼儿一起收获了棉花的根、茎、叶、花、果实，也收获了如何在幼儿需要时为其搭建支架，更好地做一名支持者与引导者的能力，更收获了和幼儿在自然中和谐相处和共同成长。

三、家长的收获

从每一次调查表的亲子共同完成，到后来的亲子共同制作棉花创意手工，可以说，家长全程参与并见证了孩子们的研究。他们对于种植活动的观念逐渐转变，理解了孩子们的种植不是单纯地种菜，而是真切体验，还包含了除了种植以外的一系列活动，能让幼儿获得一系列的经验。在这样良好的家园互动中，一个学习共同体正在形成。

在完成棉花亲子任务的态度上,可以看到,家长从原先的惊讶迷茫,到后来和孩子共同完成任务时的乐在其中,他们收获了一段难得而有意义的亲子共度时光。有的家长还向孩子传授了自己小时候在农间获得的棉花知识及棉花棉线纺织手艺,孩子惊讶于爸爸妈妈、爷爷奶奶还有自己从未发现的了不起的本领,平时很难接触的民间工艺也在这样的亲子活动中得到传承。在这样一段研究的过程中,家长收获了新的教育理念,收获了专业的眼光,也收获了与子女的亲情。

非常庆幸幼儿园有这样一片贴近自然的场地,孩子们在小农场感受到了浓浓的泥土香,虽居住在城市,但也能领略到属于土地的风采。法国教育家卢梭说:"回到自然,那才是儿童应该去的地方。"小农场真正成了孩子们常去的地方,因为那里的植物需要他们的呵护与关爱,正是这份爱让我们在收获棉花的同时也在收获成长!

080 棉花躲猫猫